Lk 97.

SOUVENIR

LA
MAISON DU DIABLE

Extrait d'une Saison à Aix-les-Bains, par Amédée Achard.

AIX-LES-BAINS,
TYPOGRAPHIE BACHET, RUE DE CHAMBÉRY.

1862

LA MAISON DU DIABLE.

Si le titre est effrayant, la chose ne l'est pas. La Maison du Diable n'a vraiment rien de dangereux, même au clair de lune, et les promeneurs les plus timides la peuvent visiter à toute heure, sans craindre aucune apparition.

Quel assemblage de mots cependant pour faire tressaillir d'aise et d'épouvante les Anglaises amoureuses du fantastique! N'évoquent-ils pas en foule des souvenirs renouvelés des contes d'Hoffman, et ne vous semble-t-il pas voir, quand on parle de la Maison du Diable, une vieille tour branlante, à demi perdue dans une forêt de mélèzes, bâtie sur quelque âpre montagne et tout entourée de ruines, de broussailles épaisses et de pans de murs écroulés où crie et se blottit l'orfraie?

Au bord du Rhin, la Maison du Diable serait un donjon féodal ; en Savoie, c'est presque une ferme.

Pour arriver à la Maison du Diable, on ne traverse ni sombres forêts ni torrents sauvages ; point d'abîmes entre ses vieilles murailles un peu noircies et les terrasses blanches du Casino ; point de gorges sinistres, point de ravins ni de bruyères où le vent pleure et se lamente ; mais, en revanche, mille sentiers coquets, de petits ruisseaux causeurs, de fraîches haies où babillent à l'ombre des nichées d'oiseaux charmants, la linotte, le chardonneret, le pinson joyeux et la fauvette amoureuse ; des bosquets d'acacias, de tilleuls, de platanes, de jolis chemins capricieux qui vont et viennent parmi les prés, entre de vertes ceintures de peupliers ; des vignes pendues en festons de pommiers en pommiers, et parmi les pelouses où la source amie se fraye un lit de gazon, de grands châtaigniers versant leur ombre et leur fraîcheur.

Cette promenade est l'une des plus fréquentées qui soient aux environs d'Aix ; il n'est pas un âne qui ne la connaisse pour l'avoir faite cent fois ; on peut mettre la bride sur le cou au plus étourdi du troupeau, et une fois qu'il aura dépassé le pont du Tillet, il ira tout droit et sans broncher jusqu'à la Maison du Diable.

Un banc de grès coupé à pic forme la crête de la colline sur laquelle la Maison du Diable est assise. On jouit de ce sommet de l'un des plus beaux points de vue qui soient dans la campagne d'Aix. Le lac du Bourget étend sa nappe d'azur au pied du spectateur ; au nord se dressent l'abbaye d'Hautecombe, le rocher de Châtillon et la montagne du Colombier, et commence le canal de Savières, qui met, par le Rhône, le lac du Bourget en communication directe avec la Méditerranée. A l'est, on découvre les coteaux de St-Innocent, et plus loin, le grand rocher de St-Germain dont les escarpements arides dominent les rives du lac. Au midi, s'étend le vaste et riche bassin de Chambéry.

Quant à la Maison du Diable, c'est un assez grand bâtiment rectangulaire à deux étages, quelque peu noir et sinistre, percé de fenêtres carrées où s'engouffre le vent, et construit de grosses pierres à l'épreuve du temps.

Autour de la maison et sur la pente de la colline, le plus frais gazon étend son tapis ombragé par des bouquets de noyers et de châtaigniers. Des vaches paissent çà et là, le museau dans l'herbe, et quelque bergère en jupon rouge dort au bord d'une haie.

La pastorale l'emporte sur le fantastique.

Mais quand on a l'honneur d'appartenir au Diable, tout au moins par l'étiquette, on a toujours quelques bouts de légende à raconter aux curieux.

La Maison du Diable en a trois.

La première appartient au genre sentimental et bucolique. Elle relève essentiellement de Gessner.

La seconde touche au merveilleux. On la pourrait croire née aux bords du Rhin.

La troisième est philosophique par un côté. C'est la moins connue.

D'après M. le comte de Fortis et sur la foi de M. Rey, curé de Tresserve, on raconte qu'une jeune fille du nom de Toinette vivait, il y a quelque vingt-cinq ou trente ans, auprès de sa mère dans une chaumière voisine de la Maison du Diable.

Toinette était jolie et fraîche comme la fleur de l'églantier. Mais, tout en cueillant de l'herbe pour ses brebis, Toinette rencontra un jour un beau chasseur qui abandonna pour ses beaux yeux les perdreaux et les lièvres de la colline. Le chasseur faisait la cour à la bergère, et la bergère faisait des bouquets pour le chasseur.

De promenades en promenades et de bouquets en bouquets, les voisins s'aperçurent des visites que les amoureux rendaient, au clair de lune, aux bocages les plus mystérieux de la colline.

Le curé s'émut à cette nouvelle et prit Toinette à part.

La bergère rougit un peu, pleura beaucoup, et finit par répondre en sanglottant :

— Il est trop tard !

C'est le mot de toutes les situations critiques.

Le curé voulut interroger le chasseur, mais il avait disparu.

Que faire alors? Une bonne dame s'attendrit au récit des infortunes de Toinette et la conduisit à Lyon, où la légende elle-même ignore ce que devint la jeune bergère.

La mère, interrogée sur le sort de Toinette, répondit avec non moins de douleur que d'hypocrisie : *Que le diable avait pris sa fille*.

Un diable de vingt ans, riche et joli garçon !

Le diable ne sortit plus de la mémoire des filles de Tresserve, et la maison qui avait protégé les amours de Toinette et du chasseur garda le nom de Maison du Diable.

Si M. de Marmontel avait connu cette histoire, il en aurait fait un conte moral ; ne l'a-t-on pas vue dix fois déjà en opéra-comique ?

Si les notaires du pays, gens médiocrement adonnés au merveilleux, assurent que la Maison du Diable a été bâtie par un propriétaire de Chambéry qui ne put en achever la construction, de malheureuses spéculations l'ayant ruiné, la tradition affirme que le diable est le véritable architecte de cette maison.

Un homme — quelque sorcier ou quelque misanthrope sans doute — avait entrepris d'élever, il y a longtemps, une maison à l'endroit le plus désert de la colline. C'était un lieu sauvage tout couvert de vieux arbres. Les pierres qu'il employait à l'édification de son ermitage étaient énormes, si grosses même que Samson et Goliath en réunissant leurs muscles n'eussent pas pu remuer la plus petite d'entre elles.

Mais ce que Samson n'aurait pas pu faire, le diable le faisait, l'homme à la Maison l'ayant pris à son service.

Satan, qui ne travaille jamais pour rien, avait stipulé par contrat que l'âme du propriétaire lui appartiendrait après sa mort.

Le sorcier, qui se croyait très-fort en grimoire, espérait se moquer de son associé pendant un siècle ou deux, et appeler ensuite quelque saint à son aide pour lui éviter les désagréments de l'article fatal.

Chacune des parties contractantes se proposait honnêtement de voler son associé. De diable à sorcier il n'y a que la main.

Mais la maison étant achevée, le diable, qui avait affaire ailleurs, tua le sorcier d'un coup de griffe et emporta son âme.

Mademoiselle Jenny Bernard, qui est l'Amable Tastu de la Savoie, a raconté cette légende dans son *Luth des Alpes*.

Après avoir parlé du travailleur et de son projet, on raconte, ajoute-t-elle :

> Qu'un diable était la nuit son aide épouvantable;
> Que du fond de l'enfer il apportait la chaux,
> Et d'un souffle de flamme allumait les fourneaux ;
> Et même on l'entendait compter les grains de sable
> Qu'il retirait des bords de l'eau
> Quand le vent tournoyait à l'entour du coteau.

Notre homme travailla sans relâche pendant quarante ans,

> Sans quelqu'un pour l'aider, seul, sans auxiliaire,
> Sans perdre en vains discours une heure, un seul moment;
> Lui seul taillait la pierre et broyait le ciment.

Enfin, la maison était construite, et l'architecte allait en prendre possession,

> Quand un hôte effrayant vint frapper à la porte :
> C'était la Mort !...

On ne dit plus, depuis cette fin tragique, que les Savoisiens aient consenti à employer le diable en qualité de maître maçon.

Voici maintenant la troisième légende, la légende philosophique :

A une époque fort éloignée, mais dont la légende ne précise pas la date, vivait aux environs d'Aix un jeune seigneur beau, magnifique et vaillant, qu'on appelait le comte Berthold.

Tout le monde a le droit d'être beau et brave, mais le comte Berthold abusait de ce droit, et les jolies filles du pays le savaient bien. Il les courtisait toutes, et toutes se laissaient courtiser. Un peu cousin par alliance de Robert-le-Diable, le comte Berthold était l'effroi de tous les maris ; c'était à qui cacherait sa femme au plus profond de sa maison aussitôt qu'on le voyait passer. Les choses en vinrent à ce point, que les familles du canton prirent le parti d'émigrer en masse ; les borgnes, les idiotes et les bossues restèrent seules dans le pays. Mais le comte Berthold ne se découragea pas pour si peu.

Le matin, il montait à cheval, battait la campagne de Genève à Chambéry, et le soir venu, on le voyait rentrer au château, menant en croupe quelque jolie femme, fille ou mariée, prise on ne sait où.

Chaque matin c'était nouveau cheval, et chaque soir nouvelle femme.

Un jour que le comte Berthold était à la chasse,

> Sans épée et sans cuirasse,

comme dit la ballade, il rencontra une pèlerine qui s'en allait par le chemin.

Jamais si charmant visage n'avait frappé les regards du comte Berthold, qui cependant se connaissait en beauté. On aurait dit la déesse des amours.

La pèlerine semblait fatiguée. Le comte Berthold mit pied à terre et lui offrit son cheval; elle l'accepta.

Il prit l'animal par la bride, et suivi de ses pages et de ses écuyers, il se hâta de regagner le château; chemin faisant, il adressait à l'étrangère les plus doux compliments, à quoi elle répondait de manière à prouver qu'elle avait autant d'esprit que de beauté.

En arrivant au château, la belle s'évanouit; le comte la fit transporter dans la plus belle chambre et passa la nuit à la veiller, à genoux au pied du lit et baisant avec force soupirs sa main mignonne et blanche.

Au point du jour elle ouvrit les yeux. Le comte s'agenouilla.

— Madame, lui dit-il, pour être aimée de vous je donnerais tout ce que j'ai.

L'étrangère secoua la tête.

— Mon amour ne s'achète pas, dit-elle; il se gagne.

— Eh bien! reprit le comte, pour le mériter je ferai tout ce que vous voudrez.

— Nous verrons bien, répondit-elle.

Le fait est qu'on vit des choses auxquelles personne ne s'attendait.

Le cheval qu'on apprêtait chaque matin pour les excursions amoureuses du comte, rentrait à l'écurie sans que son maître eût mis seulement le pied à l'étrier.

Le comte Berthold, qui était naguère un franc compagnon, buvant sec et riant fort, ne chassait plus, ne chantait plus, ne courait plus; mais en revanche, on le voyait quelquefois au bord du lac gémissant et soupirant comme un troubadour.

Un jour, il rencontra, au détour d'un sentier, dame Berthe, la plus jolie châtelaine du pays. Elle trembla comme une colombe surprise par un autour et rougit fort. Il ne la regarda même pas.

— L'impertinent ! dit-elle en ramenant son voile sur ses yeux.

Et elle pressa son cheval, sans qu'il prit la peine de se retourner.

Grande fut la surprise des gens du pays à cette nouvelle. Petit à petit le pays se repeupla ; on se rapprocha un peu, beaucoup, tout-à-fait, les pères ramenant leurs filles et les maris leurs femmes.

— Quel changement ! disaient-elles toutes en le suivant du regard quand il passait.

Et quelques-unes soupiraient.

Tous ces miracles c'était l'étrangère qui en était la cause ; et qu'elle se donnait peu de peine pour les obtenir !

C'était bien la plus charmante créature qui se pût voir, blonde avec des yeux bleus ; mais ses yeux, du plus bel azur et les plus ravissants du monde, brillaient d'un feu extraordinaire.

Quant à son caractère, c'était le plus fantasque qui se pût imaginer.

Tantôt gaie comme le mois de mai et tantôt triste comme un jour de pluie ; riant le matin, soupirant le soir, impénétrable comme un brouillard, expansive comme une source, tendre comme les premières fleurs, ou plus insensible que la neige ; mais au demeurant la plus adorable créature qui fût en Savoie.

C'était chaque jour mille caprices nouveaux auxquels le comte Berthold se soumettait. Il fallait une fois convier toute la noblesse du pays et passer la nuit en fête. Une autre fois on partait en pèlerinage pour quelque monastère fameux où l'on faisait pénitence, la robe de bure sur le dos et le rosaire à la main.

Le comte crevait ses meilleurs chevaux pour apporter à l'étrangère les étoffes précieuses, les fruits magnifiques ou les parfums rares qu'elle souhaitait, et lorsqu'à grand'peine et à grands frais il avait réussi à lui procurer ce qu'elle demandait, — il était trop payé s'il obtenait un petit *merci* bien dédaigneux.

En revanche, il est vrai, il arrivait souvent que l'étrangère pleurait à chaudes larmes quand elle rencontrait un petit malheureux trottant pieds nus par les sentiers et tendant la main aux passants.

Dire que le comte Berthold l'adorait, ce serait peu de chose, il en était fou.

Il y avait à l'extrémité de la colline de Tresserve un promontoire où elle aimait à se retirer pour rêver. Fantaisie lui prit de faire bâtir une résidence d'été dans ce lieu sauvage d'où la vue s'étendait sur tout le lac. Un beau soir elle en parla au comte.

Le comte donna ordre qu'on fît venir à l'instant cinquante maçons.

— Non pas, dit-elle, c'est vous qui bâtirez le pavillon.

— Moi ! s'écria le comte.

— Oui, vous, et vous tout seul.

Le comte obéit.

Il se mit à l'œuvre dès le lendemain et travailla quarante semaines, taillant, creusant, et cimentant sans repos ni trêve.

Quand le pavillon fut terminé, l'étrangère s'y renferma sans permettre jamais que le comte Berthold y pénétrât.

Cependant le pauvre seigneur était si maigre que cela faisait pitié.

Le soir venu, après une promenade dans les bois, elle lui

donnait sa main à baiser au travers des barreaux de la porte.

C'est un ange ! disait le comte les larmes aux yeux.

Mais les gens du pays, qui ne pouvaient rien comprendre à la puissance infinie qu'elle avait prise sur l'âme du comte, hochaient la tête et se signaient, disant :

— C'est le diable !

Une nuit d'hiver le comte tomba malade. Le médecin fut mandé et conseilla force drogues.

— Ah ! mon Dieu ! dit le malade, mais si je ne sors pas demain, je ne la verrai donc pas !

Et il voulut se lever, mais il retomba sans force dans son lit.

A minuit, l'étrangère parut dans la chambre sans qu'on pût savoir par où elle était entrée.

Le comte lui tendit les bras.

L'étrangère s'arrêta au milieu de la chambre ; ses yeux brillaient comme des flammes.

— Seigneur comte, vous êtes mort, dit-elle, recommandez votre âme à Dieu.

— C'est possible, dit-il ; et il me semble bien que ce sont vos rigueurs qui m'ont tué ; mais si vous me dites que vous m'aimez, je m'en irai content.

A mesure que le comte parlait, le corps de l'étrangère devenait transparent.

— Vous n'avez plus qu'une heure à vivre, reprit-elle, repentez-vous. Je suis l'âme d'une pauvre fille que vous avez séduite. Le bon Dieu, à qui j'ai demandé votre grâce, m'a permis de vous faire faire pénitence sur la terre. Vous aviez péché par les femmes, c'est par une femme que vous avez souffert et pleuré. Adieu, soyez sauvé.

Quand vint le jour, on trouva le comte Berthold mort dans son lit ; il était à genoux, les mains jointes comme un saint en prières.

L'étrangère avait disparu. Pendant la nuit un grand vent avait renversé les murailles du pavillon dont il ne reste plus que la masure, à laquelle la tradition populaire a conservé le nom de Maison du Diable.

C'était un assez bon Diable, comme on voit.

Mais si les fantômes et les esprits ne hantent pas la Maison du Diable, les apparitions y sont cependant quotidiennes.

Combien de fois, aux heures du soir, ne voit-on pas sous les noyers de la Maison du Diable des ombres errantes qui passent furtivement et sans bruit ! Combien de fois, au clair de lune, n'aperçoit-on pas sur la pelouse muette de ces couples amoureux qui cherchent la solitude et le silence ! Voyez-les ! on dirait qu'un génie invisible écarte devant leurs pas la broussaille complaisante, l'herbe plus molle s'incline sous leurs pieds, la brise caressante leur apporte le parfum des fleurs, l'étoile de Vénus les suit d'un œil timide, et eux cependant, aux bras l'un de l'autre, ils suivent le sentier discret

<blockquote>Se parlant bas, quoique tout seuls!</blockquote>

comme dit le poëte !

Le paysage y est bien pour quelque chose sans doute, les herbes sont si douces et si frais les ombrages, mais l'influence de l'hôte de la maison y est pour beaucoup. Le malin — comme on disait autrefois — y conduit les belles rêveuses ; on y vient en riant, on en part en soupirant, mais on y retourne encore, et bien qu'il ait déménagé, le diable n'y perd rien.

Laissez donc passer ceux qui passent ! D'autres viendront après, puis d'autres encore, et la colline de Tresserve aura toujours pour tous de doux ombrages et de frais asiles !

www.ingramcontent.com/pod-product-compliance
Lightning Source LLC
Chambersburg PA
CBHW070427080426
42450CB00030B/1805